Introducción

El siguiente artículo fue distribuido a los participantes de la conferencia "Siglo XXI: Legado y Vigencia de la Obra del Che", celebrada en La Habana, Cuba, del 25 al 27 de septiembre de 1997, y fue la base de una presentación que Mary-Alice Waters dio a este encuentro. La conferencia, auspiciada por la revista *Tricontinental* y la Organización de Solidaridad de los Pueblos de Africa, Asia y América Latina, fue una de las actividades de conmemoración del trigésimo aniversario de la campaña revolucionaria librada en Bolivia por Ernesto Che Guevara y sus compañeros.

Guevara fue uno de los principales dirigentes de la revolución cubana, que en 1959 tumbó la dictadura de Batista apoyada por Washington y, en respuesta a las crecientes presiones del gobierno norteamericano, inauguró la revolución socialista en América. En 1966–67, Guevara dirigió a un grupo de revolucionarios de Bolivia, Cuba y Perú que luchaban por derrocar la dictadura militar en Bolivia. En este proceso buscaban forjar un movimiento de trabajadores y campesinos a nivel latinoamericano que pudiera dirigir la batalla por la reforma agraria y contra la dominación del continente por el imperialismo norteamericano e impulsar la lucha por el socialismo. Guevara resultó herido y capturado el 8 de octubre de 1967. Al día siguiente los militares bolivianos lo fusilaron, después de consultar con Washington.

"Che Guevara y la realidad imperialista" apareció en el número 138 de *Tricontinental,* revista de OSPAAAL, publicada en La Habana en ediciones en inglés y español.

Waters es la directora de la revista *New International* y presidenta de la editorial Pathfinder.

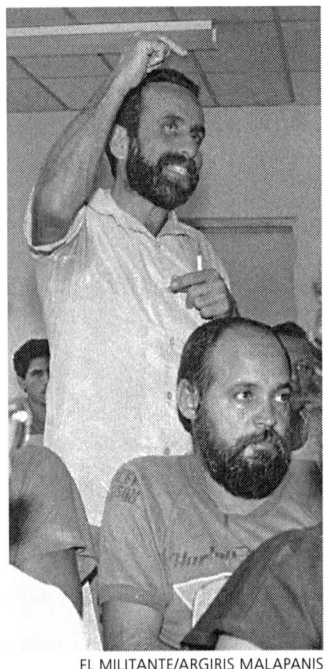
EL MILITANTE/ARGIRIS MALAPANIS

EL MILITANTE/MARGRETHE SIEM

PETER TURNLEY/©CORBIS

"Hay que tener en cuenta que el imperialismo es un sistema mundial, última etapa del capitalismo, y que hay que batirlo en una gran confrontación mundial". Desde arriba a la izquierda: obrero en planta láctea cubana participa en debate nacional sobre política para enfrentar crisis económica, 1994; mitin de huelguistas de UPS en Nueva Jersey, 1997; carretera de Kuwait a Basora, Iraq, tras invasión yanqui, febrero de 1991.

Che Guevara y la realidad imperialista

POR MARY-ALICE WATERS

"Ya se han cumplido 21 años desde el fin de la última conflagración mundial, y diversas publicaciones en infinidad de lenguas celebran el acontecimiento simbolizado en la derrota del Japón. Hay un clima de aparente optimismo en muchos sectores de los dispares campos en que el mundo se divide". Sin embargo, "cabe preguntarse si [la paz] es real".

Estas fueron las palabras con las que Ernesto Che Guevara inició su Mensaje a la Tricontinental en 1966, "Crear dos, tres… muchos Vietnam, es la consigna".[1]

Hoy estas palabras son un punto de partida apropiado, no solo porque este mensaje, el último artículo político importante de Che, fue publicado hace treinta años en la revista que ha tomado la iniciativa de reunir a los participantes en este simposio internacional. Mucho más importante aún es el hecho de que en su Mensaje a la Tricontinental Che describe con tanta exactitud la realidad imperialista

---

1. Ernesto Che Guevara, "Mensaje a los pueblos del mundo a través de la Tricontinental", en *Escritos y discursos,* tomo 9, pág. 355.

del mundo que buscamos cambiar, la realidad que debemos enfrentar sin titubeos si ha de triunfar nuestra lucha *anti*-imperialista, tanto dentro de Estados Unidos como en otros países.

La correlación de fuerzas de clases en un mundo aún dominado por el imperialismo ha cambiado a favor de los explotados y oprimidos.

Las palabras de Che nos hacen recordar lo bien que comprendía el mundo en el que, junto a Fidel y a otros, ayudó a dirigir al pueblo de Cuba a establecer el primer territorio libre de América y a abrir un nuevo capítulo en la historia del movimiento obrero moderno. Nos ayudan a enfocar nuestra atención sobre el cambio más importante que ha ocurrido durante los 30 años desde la muerte de Che: el hecho de que la correlación mundial de fuerzas de clases en un mundo aún dominado por el imperialismo —con sus altibajos, avances y retrocesos— ha cambiado a favor de los explotados y oprimidos.

Aún tenemos el orden económico y social de la posguerra que fue bautizado por la nefasta ola de fuego que Washington desató contra las poblaciones de Hiroshima y Nagasaki. Pero ha dejado de existir el "clima de aparente optimismo" que mencionaba Che en 1966. El clima actual es más bien uno de desesperación entre los amos imperialistas, marcado por breves períodos de "entusiasmo irracional" (citando las palabras del banquero central al servicio de los gobernantes norteamericanos) y prolongados períodos de pesimismo; por la creciente ansiedad entre las clases medias de todos los países que cuentan con los gobernantes adinerados para su protección y su estabilidad; por una polarización social caracterizada por sondeos agresivos por parte de corrientes derechistas y fascistas incipientes; y, lo más importante de todo, por los indicios de una creciente resistencia y luchas defensivas por aquellos de quienes el capital exprime plusvalía tratando de trastrocar su crisis a largo plazo.

En Estados Unidos, por primera vez en muchos años, un sector importante de la clase obrera a nivel nacional, los trabajadores de la UPS —United Parcel Service— organizados por el sindicato de camioneros Teamsters, salió victorioso de una recia huelga que suscitó apoyo popular en Estados Unidos así como atención mundial. Se palpa una nueva inquietud entre los círculos burgueses serios en Estados Unidos, los cuales enfrentan la probabilidad de resistencia obrera más frecuente y más exitosa ante el deterioro de los salarios reales, la aceleración del ritmo de trabajo, los dobles niveles salariales, y otras medidas que pretenden dividir a los trabajadores y debilitar la solidaridad en los centros de trabajo. Asimismo, los patrones están contemplando las agobiantes implicaciones que para el precario estado de su economía tiene la posibilidad de que las batallas defensivas de los trabajadores brinden un ejemplo y refuerzos poderosos a otras luchas sociales: contra la brutalidad policiaca, por los derechos de los inmigrantes, a favor de la igualdad de la mujer, contra la discriminación racista.

En este sentido, Estados Unidos no es excepción alguna. En todo el mundo imperialista, especialmente en Europa, se manifiesta esta tendencia de mayor resistencia y conflicto de clases.

Quienes dominaban los otros dos "sectores de los dispares campos en que el mundo se divide" —a los que Che se refirió hace casi 30 años, y que en ese entonces compartían ese "clima de aparente optimismo" con las familias imperialistas gobernantes— también sienten que el clima ha cambiado radicalmente. Las castas burocráticas que dominaban gran parte de lo que se denominaba el campo socialista se encuentran hoy en desbandada a medida que corren en pos de un sistema capitalista en decadencia. Y las burguesías del tercer mundo —desde México hasta Malasia— están descubriendo la terrible realidad de que el llamado milagro de los mercados emergentes no culmina con países capitalistas industrialmente avanzados, monedas estables y un bienestar más amplio, sino que conduce a una inestabilidad explosiva y a la creciente dominación por parte de todas las formas parásitas del capital imperial. Ambas élites gobernantes, antes optimistas, tienen ahora que enfrentar a trabajadores urbanos y rurales que son cada vez más impacientes con la larga espera de la prosperidad capitalista universal que se les había prometido.

La paz no era real

El albor del siglo XXI no trae consigo un nuevo orden mundial sino arrebatos de especulación y crecientes divisiones y desorden entre los capitalistas. Che tenía razón: la paz no era real. Y no ha sido real —a pesar de cuán frecuentemente la han proclamado— desde que la aniquilación nuclear de Hiroshima y Nagasaki anunció el predominio del coloso norteamericano. Como declaró el encabezado del semanario socialista *The Militant* cuando Tokio se rindió ante Washington en agosto de 1945: "¡No hay paz!"

Esta ha sido y sigue siendo la realidad, no solo en la segunda mitad del siglo XX sino para el inicio del siglo XXI. Ha marcado las acciones de las potencias imperialistas frente a los pueblos del mundo semicolonial y de los estados obreros desde la ascendencia yanqui, y también indica más y más el futuro de las relaciones entre las propias potencias capitalistas. Las convulsiones que estamos viviendo son producto del creciente agotamiento del orden mundial que surgió de las llamas y cenizas de la Segunda Guerra Mundial cuando el imperialismo norteamericano estaba casi en el apogeo de su poder.

Hace 50 años los rivales/aliados imperialistas de Washington estaban desesperados por conseguir préstamos y bienes industriales para reconstruir. Las masas trabajadoras de la Unión Soviética que heroicamente cargaron con la mayor parte de la resistencia ante las fuerzas invasoras del imperialismo alemán —agotadas por la guerra y enfrentando las inmensas tareas de reconstrucción— parecían ser más vulnerables que nunca. Pero las grandes esperanzas del imperialismo estadounidense comenzaron a evaporarse aún antes de que pudieran nacer, a medida que las filas de conscriptos del ejército norteamericano, los trabajadores y agricultores en uniforme, se opusieron a que se les empleara contra la ola en ascenso de la revolución colonial. En protestas masivas cuyo tamaño y alcance no tenían precedentes en la historia de la guerra moderna, soldados, marineros y miembros de la marina mercante de Estados Unidos —desde Francia hasta las bases del Pacífico— dijeron: "¡No, nosotros nos marchamos a casa!"[2] Por esa brecha, durante la década siguiente, avanzaron los combativos trabajadores del mundo colonial, a pesar de grandes sacrificios: desde China hasta India, Indonesia, Vietnam, Corea, Egipto y otros países, expulsando a sus debilitados ex amos coloniales.

La bandera de la liberación e independencia nacional, desplegada en todo el mundo durante los años de guerra y de posguerra, continuó su avance triunfal hasta llegar y

---

2. Ver "1945: Cuando las tropas norteamericanas dijeron '¡No!'" por Mary-Alice Waters, en *Nueva Internacional* no. 1 (1991).

pasar por la victoria de los trabajadores y campesinos cubanos en 1959, y luego la profunda revolución socialista que los alejó de la órbita capitalista y les permitió enfrentarse al coloso yanqui.

El "clima de aparente optimismo" que Che observó en 1966 había sido producto de un cuarto de siglo de acelerada expansión económica, con tasas de crecimiento que hoy hacen llorar a los capitalistas. Esta expansión fue impulsada, primero, por la masiva producción bélica y los aumentos de productividad, y luego por la extensa renovación de capital exigida y posibilitada por la destrucción —sin precedentes en la historia— de plantas y equipo en Europa, Japón y grandes partes de Asia, así como por las anteriores derrotas horrendas del movimiento obrero en muchos de estos países. Pero las crecientes tasas de ganancia y de producción ampliada que apuntalaron el sueño capitalista de la posguerra y el poderío imperialista, ya habían comenzado a declinar aún en el momento en que Che escribió sus líneas.

Hoy día, tras un cuarto de siglo de tasas de ganancia decrecientes —a pesar de una brutal campaña de "reducción de costos" desatada contra los salarios y el nivel de vida del pueblo trabajador en todos los sectores del mundo— la economía capitalista mundial se encuentra en una crisis deflacionaria a largo plazo, caracterizada por la creciente inestabilidad, volatilidad financiera, y euforia caprichosa que subyacen la opinión burguesa. Se intensifican los conflictos comerciales. Grandes burbujas de deuda capitalista —creadas al imponérseles a los gobiernos y empresas semicoloniales préstamos cada vez mayores— se siguen inflando para luego desinflarse a un ritmo acelerado. Desde el desplome del peso mexicano hace unos años, hasta la crisis monetaria que hoy estremece a los "tigres" asiáticos, y la amenaza que se cierne sobre Hong Kong y Brasil de una devaluación el día de mañana, los mayores niveles de desempleo en Alemania desde la llegada al poder del régimen nazi: estos acontecimientos son formas apenas disimuladas de la crisis del dólar y de la creciente inestabilidad y debilidad de las potencias imperialistas, incluido el coloso yanqui. Anuncian que hay mucho, mucho más que aún queda por delante.

La realidad es una creciente brecha entre la prosperidad y bienestar de unos pocos y la creciente inseguridad, miseria y pauperización de la gran mayoría.

Detrás de la jactancia sobre el "milagro del mercado" global —y sus justificaciones "teóricas", que llevan nombres tales como la "Nueva Epoca" y el "Nuevo Paradigma"— yace la realidad de una creciente brecha entre la prosperidad y bienestar de los sectores relativamente reducidos de las clases medias acomodadas, por un lado, y la creciente inseguridad, miseria y pauperización de la gran mayoría. Es esta la realidad, desde las calles urbanas y las aldeas rurales de México, Perú, Argentina y Haití, hasta las de Egipto, India, Tailandia e Indonesia; desde los campamentos de refugiados del Africa arrasada por las guerras, hasta las minas, fábricas y fincas de Rusia; desde los suburbios obreros de las grandes ciudades europeas, hasta los crecientes números de familias a quienes les han comenzado a negar cupones de alimentos y atención médica en la tierra norteamericana de la leche y la miel.

Al principio de esta década, por un período breve los gobernantes norteamericanos anunciaron el amanecer de un "nuevo orden mundial", e incluso "el fin de la historia", tras el ataque contra Iraq orquestado por la Casa Blanca y camuflado por la ONU, una guerra asesina contra una nación soberana, guerra que fue desenmascarada y condenada en el Consejo de Seguridad de Naciones Unidas únicamente por el representante de Cuba, hablando con el espíritu de Che.[3] Pero las promesas de Washington sobre la propagación de la paz, la prosperidad y la democracia no eran más que justificaciones cínicas para utilizar el poderío militar con el fin de reforzar un orden mundial imperial debilitado.

Hoy día, grandes partes de Yugoslavia enfrentan no solo las consecuencias devastadoras de la primera guerra terrestre en Europa en 50 años, sino lo que está convirtiéndose en una prolongada ocupación imperialista. A medida que Washington y sus rivales europeos maniobran para colocarse en la situación más ventajosa en esa región, están arraigándose más y más profundamente en el polvorín de los Balcanes. La administración Clinton reconoció hace dos días lo que ya sabía mucha gente tanto en Yugoslavia como el resto del mundo: que ni Washington ni las demás potencias imperialistas de la OTAN tienen la menor intención de retirar sus tropas de Bosnia, ni el año que viene ni en alguna fecha previsible.

Los gobernantes norteamericanos impulsan la expansión de la OTAN en Europa oriental a fin de situar sus tropas más cerca del corazón de la Revolución de Octubre y sentar las bases para, en un momento futuro, lograr por la fuerza lo que para consternación suya no han logrado en Rusia ni en otras partes de la ex Unión Soviética: la restauración del dominio de las relaciones sociales capitalistas estables.

Washington está reavivando la Gran Partida entre las

---

3. Fidel Castro y Ricardo Alarcón, *¡EE.UU. fuera del Oriente Medio! Cuba habla ante Naciones Unidas* (Nueva York: Pathfinder, 1990). Introducción y edición a cargo de Mary-Alice Waters.

potencias imperialistas, al ir en pos del control de las enormes reservas petrolíferas del Mar Caspio por todo el Cáucaso y las repúblicas centroasiáticas de la ex URSS. Van creciendo rápidamente las bases de una reanudación de los ataques contra Irán. La sistemática desintegración social y económica de Africa al sur del Sahara se ve acompañada de intervenciones militares imperialistas cada vez más frecuentes. El despliegue permanente de decenas de miles de tropas estadounidenses dotadas de armas nucleares en la península de Corea amenaza con provocar un nuevo holocausto a una escala mayor aún de la que desataron contra los trabajadores y campesinos allí hace casi medio siglo. Y, en la otra punta de esta isla donde nos reunimos hoy, el gobierno norteamericano aún mantiene una base militar en Guantánamo, en territorio cubano ocupado ilegalmente, una daga siempre lista para cualquier provocación que Washington considere útil.

El presidente estadounidense William Clinton es capaz de afirmar con arrogancia —como hizo en su segundo discurso de toma de posesión en enero pasado— que "América [Estados Unidos] representa la única nación indispensable del mundo". Y la nueva secretaria de estado, escogida por Clinton para personificar el rumbo de su segunda presidencia, puede seguir y seguirá la política exterior agresiva e insolente que nace de este tipo de desacierto histórico. Sin embargo, estamos muy lejos de un mundo unipolar en que un imperio yanqui en decadencia reine supremo como "la nación indispensable". Entre los primeros cañonazos de la tercera guerra mundial —que han retumbado desde Iraq hasta Bosnia— y una nueva conflagración mundial, hay incontables batallas que han de librar las clases trabajadoras, las cuales representan la "respuesta indispensable" para la humanidad. Ellas tendrán su oportunidad de tomar las riendas de su propio destino y decidir el curso de la historia.

El enemigo imperialista es más débil
Este mundo de desorden capitalista —la realidad imperialista del siglo XXI— no le habría resultado extraño a Che. Ni tampoco ignoraría el peso, la fuerza y la influencia política de la revolución cubana en el marco de esta realidad. Che no estaría desanimado por las desventajas que enfrentamos, sino que examinaría este mundo con precisión científica y trazaría una orientación para vencer, de cara a las batallas con el espíritu de guerrero en que estaba imbuido.

Hay cuatro puntos que cabe subrayar en lo que se refiere a Che y la realidad imperialista:

1. La comprensión científica de Che sobre el mundo en que vivimos y luchamos se nutrió profundamente de la continuidad del movimiento obrero moderno, de las lecciones acumuladas en las batallas que hemos ganado, y las que hemos perdido, en los pasados 150 años, partiendo de los fundamentos sentados por Marx y Engels, y pasando por la continuidad forjada por Lenin y la revolución bolchevique cuyo 80 aniversario celebramos este año. Che conocía a fondo el carácter del enemigo que enfrentamos: que el imperialismo es un sistema mundial —la última etapa del capitalismo, sistema regido por la ley del valor— y que la lucha de clases mundial constituye un conjunto estrechamente vinculado. El internacionalismo proletario no es un lujo ni una de diversas opciones eficaces; está dictado por el propio capital, por sus conflictos nacionales inevitables y su naturaleza rapaz. Che sabía que el internacionalismo proletario es un requisito para que la clase trabajadora supere la competencia inherente a nuestra condición de esclavitud asalariada sin propiedad, y para que suba a un nivel de cultura y disciplina necesario para vencer, y para transformarnos en este proceso.

"Sépase que hemos medido el alcance de nuestros actos y que no nos consideramos nada más que elementos en el gran ejército del proletariado", escribió Che en su Mensaje a la Tricontinental.[4]

Che examinó en detalle y expuso los mecanismos económicos y políticos del sistema imperialista.

"En definitiva, hay que tener en cuenta que el imperialismo es un sistema mundial, última etapa del capitalismo", dijo Che en ese artículo, "y que hay que batirlo en una gran confrontación mundial. La finalidad estratégica de esa lucha debe ser la destrucción del imperialismo… Al enfocar la destrucción del imperialismo, hay que identificar a su cabeza, la que no es otra que los Estados Unidos de Norteamérica".[5]

Una y otra vez, aprovechando los foros públicos más amplios, y a veces hasta en foros donde no se suele escuchar la verdad declarada audazmente —en la conferencia en Punta del Este, Uruguay, auspiciada por la Organización de Estados Americanos en 1961; en la conferencia de Naciones Unidas sobre desarrollo y comercio realizada en Ginebra en 1964; ante la Asamblea General de Naciones Unidas ese mismo año; en la conferencia de solidaridad afroasiática en Argel en 1965— Che examinó en detalle y expuso los mecanismos económicos y políticos del sistema imperialista. Y lo hizo con una profunda comprensión, con una veracidad inquebrantable y un sentido de humor mordaz que incul-

---

4. Guevara, *Escritos y discursos,* tomo 9, pág. 372.

5. Guevara, *Escritos y discursos,* tomo 9, pág. 367.

caba confianza entre los trabajadores y los combatientes revolucionarios por todo el mundo.

En Cuba, a la vez que cumplía con sus muchas responsabilidades de dirección, Che se esforzaba, día a día, para despejar la ofuscación burguesa de las cuestiones de política económica y asegurarles a los trabajadores acceso al conocimiento necesario de la economía y la política del socialismo, para que ejercieran cada vez más control sobre la organización y administración del trabajo y todos los aspectos de la producción.

Che buscó inculcar en los trabajadores y campesinos cubanos la conciencia de lo que estaba en juego y de su papel histórico en las primeras filas de combate contra "el gran enemigo del género humano", como acertadamente llamó al imperialismo norteamericano en su Mensaje a la Tricontinental. Nos enseñó que no hay reconciliación posible, y, lo que es aún más importante, que no se puede flaquear jamás sin que, como consecuencia, se fortalezca el enemigo de clase.

"Los que conocen la historia reciente… conocen que con el imperialismo no se puede jugar", dijo Che a los obreros reunidos en la INPUD, la Industria Nacional de Productos y Utensilios Domésticos en julio de 1964. "[El presidente brasileño] Goulart está allí, asilado en Uruguay, para demostrar cómo no se puede jugar con el imperialismo. Y [el dictador dominicano] Trujillo no está, demostrando así mejor que no se puede jugar con el imperialismo; porque cuando Trujillo puso sus intereses personales por delante de los intereses del imperio y se dedicó a hacer su política propia, después de amasar una gran fortuna ayudado por los propios norteamericanos, con la sangre y el sudor de su pueblo, cuando llegó ese momento de rebeldía fue sencillamente liquidado.

"Y así pasó también al títere de Vietnam [Ngo Dinh

Diem], quien pensó por un momento que podía chantajear a los norteamericanos, y ése es un juego peligroso. A los norteamericanos no se les puede chantajear; van directos a lo que quieren y saben lo que quieren. Para ponerse delante de los norteamericanos hay que hablar con voz muy clara y muy limpia y hay que hacer dejación de cualquier intento de poner la vida por delante de los principios como hizo nuestro pueblo en reiteradas oportunidades, y hay que tener detrás del gobierno un pueblo entero en armas dispuesto a defenderlo".[6] Esta lección para los trabajadores y agricultores combativos y para los jóvenes rebeldes e intransigentes del mundo de hoy, no pudo haber sido expresada más concisamente.

Uno de los homenajes más perspicaces —aunque no intencionado— a Che y a la revolución en este 30 aniversario apareció hace unas semanas en la sección de cartas de uno de los principales órganos de la clase gobernante del Reino Unido, el londinense *The Times*. Casi como si tratara de ilustrar las palabras recién citadas de Che, el autor de la carta, Maurice Baird-Smith —escribiendo con el inimitable estilo de los ingleses adinerados desde su rincón de retiro en Francia meridional— recordó lo siguiente:

> Señor, La devolución de los restos de Che Guevara a Cuba (Breves del Mundo, 14 de julio) vuelve a traer vivos recuerdos sobre los contactos que tuve con él a principios de los años 60, cuando yo era director de una empresa petrolera internacional que fue confiscada por el gobierno cubano.
>
> "El Che" era un comunista al ciento por ciento, que jamás ocultaba su opinión de que había que

---

6. "Discurso en la inauguración de la INPUD, Santa Clara", en *Escritos y discursos,* tomo 8, pág. 143.

deshacerse de nosotros. Visitarlo en su oficina resultaba una experiencia inolvidable. Vestía un "traje de batalla", con dos pistolas en el escritorio que me apuntaban. Siempre fue muy cortés, pero no dejó la menor duda de que estaba tratando con una organización de la cual, a su criterio, el mundo podía prescindir.

En efecto. Los representantes del imperialismo, al enfrentar la fuerza de la clase obrera cubana cuando ésta tomó las riendas de su propio destino, jamás han olvidado, y jamás han perdonado, las lecciones que se les impartió.

La lucha vietnamita cambió el mundo
2. Guevara fue uno de los pocos líderes de estatura mundial que comprendió y explicó con una claridad sin guirnaldas que la exitosa resistencia presentada por el pueblo vietnamita significó un hito en la historia del siglo XX que habría de tener consecuencias trascendentales a nivel mundial. Al hacer su llamamiento a "crear dos, tres… muchos Vietnam", Che señaló acertadamente que la capacidad del pueblo vietnamita de afrontar el tremendo aparato militar del imperialismo estadounidense no tenía precedentes, a pesar de estar "trágicamente solo" en lo que se refiere a la ayuda económica y militar correspondiente a sus necesidades.

"Armas de contención, y no en número suficiente, es todo lo que tienen estos soldados maravillosos, además del amor a su patria, a su sociedad y un valor a toda prueba", subrayó Guevara en 1966. "Pero el imperialismo se empantana en Vietnam, no halla camino de salida y busca desesperadamente alguno que le permita sortear con dignidad este peligroso trance en el que se ve".

Al mismo tiempo, Che destacó: "Cuando analizamos la soledad vietnamita nos asalta la angustia de este momento ilógico de la humanidad. El imperialismo norteamericano es culpable de agresión; sus crímenes son inmensos y repartidos por todo el orbe. ¡Ya lo sabemos señores! Pero también son culpables los que en el momento de definición vacilaron en hacer de Vietnam parte inviolable del territorio socialista, corriendo, sí, los riesgos de una guerra de alcance mundial, pero también obligando a una decisión a los imperialistas norteamericanos".[7]

La exitosa resistencia presentada por el pueblo vietnamita significó un hito en la historia del siglo XX.

Más importante aún, el Che comprendió que la audacia, dignidad y tenacidad del pueblo vietnamita en la lucha por su soberanía y por estar libre de la subordinación a las consecuencias deshumanizadoras de las leyes del capital, habían cambiado para siempre la conciencia política de millones de personas que viven en Estados Unidos y acercado el día para ajustar cuentas con el imperialismo yanqui.

El hecho de que los soldados norteamericanos enfrentan "la hostilidad de toda la población" en Vietnam, señaló Guevara, "va provocando la repercusión interior en los Estados Unidos; va haciendo surgir un factor atenuado por el imperialismo en pleno vigor, la lucha de clases aun dentro de su propio territorio".[8]

---

7. Guevara, *Escritos y discursos*, tomo 9, págs. 358–59.

8. Guevara, *Escritos y discursos*, tomo 9, pág. 371.

Deberá pasar mucho tiempo, escribió Che, antes de que se sepa "si el presidente Johnson pensaba en serio iniciar algunas de las reformas necesarias a un pueblo, para limar las aristas de las contradicciones de clase que asoman con fuerza explosiva y cada vez más frecuentemente. Lo cierto es que las mejoras anunciadas bajo el pomposo título de lucha por la Gran Sociedad han caído en el sumidero de Vietnam. El más grande de los poderes imperialistas siente en sus entrañas el desangramiento provocado por un país pobre y atrasado y su fabulosa economía se resiente del esfuerzo de guerra. Matar deja de ser el más cómodo negocio de los monopolios".[9]

Cuando esas palabras fueron escritas, la escalada de la agresión contra Vietnam tenía apenas dos años. Che no llegó a ver el grado de explosión de luchas dentro de Estados Unidos que finalmente terminó entablando lazos con la resistencia del pueblo vietnamita, derrotando políticamente a la potencia militar más fuerte de la faz de la tierra, y cambiando así el curso del último cuarto de siglo. Pero debemos notar que gracias a esta histórica lucha del pueblo vietnamita, la preocupación de Washington por esa guerra le dio un respiro al asediado pueblo cubano, y además le dio tiempo para redimir el valor de sus compañeros combatientes en Indochina consolidando una revolución socialista en las puertas mismas del imperialismo norteamericano.

Che además valoró correctamente el significado de las primeras protestas de masas dentro de Estados Unidos contra la guerra en Vietnam y el vínculo entre este creciente movimiento y el ascendente movimiento por la liberación del pueblo negro. Che vio las consecuencias económicas inevitables de la guerra, de las que ni Washington ni el

---

9. Guevara, *Escritos y discursos*, tomo 9, pág. 359.

capital financiero mundial podrían jamás recuperarse a plenitud, así como el comienzo de la transformación de la clase trabajadora dentro de las fronteras de Estados Unidos: una transformación que aún no se ha revertido, y que no podrá ser revertida antes de que se produzcan batallas gigantescas cuyos resultados nadie puede garantizar.

3. Una y otra vez, Che regresó al tema del papel de vanguardia de la lucha de los negros dentro del movimiento obrero estadounidense, subrayando el heroísmo y la combatividad de las masas del pueblo afronorteamericano cuyas luchas culminaron en la destrucción del sistema segregacionista *Jim Crow* que a la sazón constituía la ley en los estados sureños de Estados Unidos, y que de hecho se practicaba aún en gran parte del país. El tenía una apreciación correcta del peso social de la lucha negra y de la composición mayoritariamente proletaria de la población negra. Su análisis era consecuente con el papel de vanguardia política que la lucha por la libertad negra ha jugado desde los tiempos de la Reconstrucción Radical —tras la derrota de la aristocracia esclavista en la Guerra Civil— hasta la resistencia actual a las consecuencias del dominio del capital financiero.

A mediados de los años 60, las batallas proletarias de masas contra el sistema de segregación racial *Jim Crow* llegaban a su culminación triunfal, gracias en parte, cabe decir, al poderoso ejemplo y desafío planteado por la revolución cubana. Al tomar el poder en enero de 1959, el gobierno revolucionario de Cuba comenzó a poner en práctica una prohibición amplia contra toda forma de discriminación racial, esto a solo 90 millas de las costas de la vieja Confederación. Destacando la condición oprimida de la población negra en Estados Unidos y de los inmigrantes de América Latina y Asia, Che expuso hábilmente las pretensiones de Washington de dar lecciones al mundo sobre libertad y democracia.

"Los Estados Unidos intervienen en América invocando la defensa de las instituciones libres", dijo Che en su discurso ante Naciones Unidas en diciembre de 1964. "Llegará el día en que esta Asamblea adquiera aún más madurez y le demande al gobierno norteamericano garantías para la vida de la población negra y latinoamericana que vive en este país, norteamericanos de origen o adopción, la mayoría de ellos.

"¿Cómo puede constituirse en gendarme de la libertad quien asesina a sus propios hijos y los discrimina diariamente por el color de la piel, quien deja en libertad a los asesinos de los negros, los protege además, y castiga a la población negra por exigir el respeto a sus legítimos derechos de hombres libres?... El gobierno de los Estados Unidos no es gendarme de la libertad, sino perpetuador de la explotación y la opresión contra los pueblos del mundo y contra buena parte de su propio pueblo".[10]

Che Guevara y Malcolm X

Che era un contemporáneo de Malcolm X —uno de los más grandes dirigentes proletarios modernos en Estados Unidos— y como combatientes revolucionarios se veían mutuamente atraídos. Los unían vínculos de heroísmo, audacia, y el compromiso de lograr la libertad "por los medios que sean necesarios", así como su desprecio total de las prerrogativas del capital y las pretensiones de sus representantes. A Che y a Malcolm los unía su respeto a la integridad e inteligencia de cada ser humano que se alzara y luchara, su común rechazo a jamás aceptar algo menos que la verdad. Los unía su confianza inquebrantable en la capacidad de hombres y mujeres comunes para transformar-

---

10. Guevara, "Discurso en la Asamblea General de Naciones Unidas", 11 de diciembre de 1964, en *Escritos y discursos*, pág. 303.

"El valor, la dignidad y la tenacidad del pueblo vietnamita" agudizaron la lucha de clases en Estados Unidos, acercando el día para ajustar cuentas con el imperialismo norteamericano. Arriba: protesta en Nueva York contra guerra en Vietnam, 1972. Abajo: policía agrede a opositores de segregación racista en el Sur estadounidense durante Batalla de Birmingham en 1963. Che Guevara señaló el papel de vanguardia de la lucha negra en el movimiento obrero en Estados Unidos.

se en el proceso de luchar por transformar las condiciones de su existencia y cambiar el mundo. Y los unía su desdén de las justificaciones y la cobardía de los maldirigentes de los trabajadores.

Durante su visita a Nueva York en 1964, cuando habló ante la Asamblea General de Naciones Unidas, Guevara pasó una tarde charlando con un grupo de periodistas y escritores que apoyaban a la revolución cubana. Partes de esta charla fueron luego difundidas por la radioemisora neoyorquina WBAI.

Acababa de concluir la campaña del Verano de la Libertad en Misisipí de 1964, un verano de intensas batallas por los derechos civiles desatadas en el Sur, durante las cuales —entre otros acontecimientos— tres jóvenes voluntarios habían sido brutalmente asesinados por pequeños comerciantes y agentes de policía que eran miembros del Ku Klux Klan en Misisipí. A Che le preguntaron, "Considerando los acontecimientos del verano pasado… lo ocurrido recientemente en Misisipí, ¿cómo ve usted la lucha del pueblo negro en Norteamérica?" Su respuesta fue cautelosa pero clara:

"Esta es una pregunta difícil para mí", dijo. "Habría que conocer todas las reacciones del pueblo americano en su conjunto, las relaciones entre blancos y negros, la capacidad de reacción de la población negra, la capacidad de sus líderes. En fin, habría que conocer muy profundamente una serie de aspectos que yo no conozco a fondo. En general parece que la violencia racial está ascendiendo en unos estados norteamericanos. Frente a esto hay varios recursos: agachar un poquito más el hombro a ver si duele menos el golpe, protestar enérgicamente, recibir más golpes, o responder golpe por golpe, pero eso se dice fácil y es muy difícil de hacer. Y hay que prepararse para hacerlo. ¿Cuál será la reacción? Yo no sé. Y ¿cuáles serán las posibilidades de reacción? Tampoco puedo decirlo".[11]

Durante esa misma visita Malcolm invitó a Che a dirigirse a un mitin organizado por la Organización de Unidad Afro-Americana —la OAAU— en el Salón Audubon en la ciudad de Nueva York. A última hora, los informes de inteligencia le advirtieron a Che que no sería prudente asistir. La libertad de la que gozaban diversos grupos contrarrevolucionarios cubanos en ese entonces para operar había quedado demostrada dos días antes cuando uno de ellos, usando una bazuca de las del ejército estadounidense, disparó contra el edificio de Naciones Unidas mientras Guevara daba su discurso ante la Asamblea General. El proyectil no alcanzó su objetivo, precipitándose inofensivamente en el Río del Este, pero la explosión se alcanzó a oír en el salón de la asamblea. Che continuó su discurso sin interrupción y sin percatarse.

Lamentándose porque no le era posible asistir a la reunión de la OAAU, Che envió saludos que Malcolm leyó ante un público que los supo apreciar. "Me encanta el revolucionario", dijo Malcolm al presentar el saludo de Che. "Y uno de los hombres más revolucionarios que están actualmente en el país iba a venir hoy con nuestro amigo Babu [el dirigente de la lucha de liberación de Zanzíbar y pionero de la independencia de Tanzania], pero lo pensó mejor y nos envió este mensaje. Dice así:

"'Queridos hermanos y hermanas de Harlem, me habría gustado estar con ustedes y el hermano Babu, pero las condiciones actuales no son buenas para esta reunión. Reciban los cálidos saludos del pueblo cubano y, en especial, los de Fidel, que recuerda con entusiasmo su visita a Harlem hace unos pocos años. Unidos venceremos.'"

Después Malcolm añadió: "Me alegra mucho oír los calurosos aplausos de respuesta, porque le hace saber al

---

11. Guevara, 16 de diciembre de 1964, de una transcripción inédita.

'Hombre' que ahora no está en condiciones de decirnos a quiénes debemos aplaudir y a quiénes no debemos aplaudir. Y por aquí no se ven cubanos anticastristas: nos los comemos vivos".[12]

A Che y a Malcolm los unía su confianza inquebrantable en la capacidad de hombres y mujeres comunes para transformarse en el proceso de luchar por cambiar el mundo.

Malcolm expresó una apreciación similar por los logros de la revolución china en desbaratar las mentiras y preconcepciones racistas sobre los pueblos oprimidos de color que por siglos habían perpetuado las clases gobernantes de Europa y Norteamérica, coloniales primero, imperialistas después. Poco antes del mitin al cual Che se iba a dirigir, Malcolm le recordó al público en otra reunión de la OAAU en Harlem:

"Hubo una época en este país en que se solía usar una expresión sobre los chinos, 'Tiene peor suerte que un chino'. ¿Se acuerdan cuando se solía hablar así de los chinos? No se les oye usar esa expresión hoy en día. Porque hoy el chino tiene mucha más suerte que ellos… No fue hasta que China se volvió independiente y fuerte que se respetó al pueblo chino por todo el mundo… Lo mismo sucede con ustedes y conmigo".[13]

---

12. Malcolm X, "Que no vengan a Harlem a decirnos a quién debemos aplaudir", 13 de diciembre de 1964, en *Habla Malcolm X* (Pathfinder, 1992), pág. 118.

13. Malcolm X, "The Homecoming Rally of the OAAU" (Mitin de bienvenida de la OAAU) del 29 de noviembre de 1964, en *By Any Means Necessary* (Por todos los medios que sean necesarios), pág. 113.

¿Es un misterio que Che y Malcolm se identificaran y respetaran recíprocamente? ¿Sorprende acaso que los dos fueran aborrecidos y temidos por las fuerzas poderosas que ambos estaban decididos a destruir a través de la movilización de los oprimidos y explotados? En una época en que había pocos entre los que se decían socialistas o comunistas —en Estados Unidos o en cualquier otro país del mundo— que entendían la trayectoria revolucionaria de Malcolm X y colaboraban con él para impulsarla, Fidel y Che se sintieron honrados y orgullosos de mantenerse de su lado.

Y puedo agregar, con igual orgullo, que en el mundo de habla inglesa la precursora de la Pathfinder fue en aquel tiempo la editorial más estrechamente asociada a la publicación de los discursos y obras tanto de Malcolm X como de Che y Fidel.

Cuba enseña que la revolución es posible
4. Che estaba profundamente consciente del lugar que la revolución cubana ocupaba en la política mundial. Comprendió y vivió el presente como parte de la historia. Sabía que el ejemplo de Cuba era un factor objetivo no solo en cuanto a las naciones oprimidas por el imperialismo, sino que ese ejemplo llegaba incluso hasta los propios países imperialistas.

"¿Qué enseña la revolución cubana? Que la revolución es posible". El tañido de estas palabras de la Segunda Declaración de La Habana es tan claro hoy como lo fue en 1962. La lección sigue siendo la misma.[14]

"Libero a Cuba de cualquier responsabilidad, salvo la que emane de su ejemplo", le escribió Che a Fidel en su carta

---

14. *La segunda declaración de La Habana* (Nueva York: Pathfinder, 1997), pág. 30.

de despedida.15 Y él conocía mejor que nadie el poder de ese ejemplo. La perspectiva revolucionaria y el carácter político de Ernesto Che Guevara son inseparables de la revolución cubana y del liderazgo del cual formó parte y ayudó a forjar. Che no pudo haber llegado a ser el Che que conocemos sin la revolución cubana. Por eso, considero que cabe terminar señalando cinco puntos que subrayan el peso histórico de la revolución cubana durante y después de la vida de Che.

Rechazando la noción de que 'aún no es posible hacer la revolución' y sustituyéndola con 'Sí se puede', Cuba cambió el curso de la historia.

• "Si nosotros nos hubiésemos dejado llevar por los esquemas, no estaríamos reunidos hoy aquí", le recordó Fidel al pueblo cubano el 26 de julio de 1988. "No habría habido una revolución socialista en este hemisferio… La teoría decía que no podía hacerse revolución aquí… es lo que decían los manuales".

"Nosotros a partir de los principios del socialismo sacamos nuestras conclusiones", indicó Fidel.16

La continuidad de la revolución cubana no solo se remonta a Martí y a las guerras de independencia, sino que pasa por la Revolución de Octubre, la Comuna de París y el origen del movimiento obrero moderno con el auge del capitalismo industrial. La dirección de la revolución cubana

---

15. Che Guevara, Carta a Fidel Castro, en *Escritos y discursos,* tomo 9, pág. 394.

16. Fidel Castro, "Cuba jamás adoptará métodos del capitalismo", *Perspectiva Mundial,* septiembre de 1988, pág. 18.

rompió con las teorías acomodadizas del movimiento internacional que se orientaba al liderazgo político proveniente de Moscú, teorías que no eran más que las justificaciones de una casta social que hacía mucho había abandonado la perspectiva del internacionalismo proletario. La lucha revolucionaria contra la dictadura de Batista, dictadura apuntalada por Washington, culminó en la victoria revolucionaria que le abrió las puertas a la revolución socialista.

Rechazando la noción de que "aún no es posible hacer la revolución" y sustituyéndola con el lema de "Sí se puede", Cuba cambió el curso de la historia. A medida que la dirección del Movimiento 26 de Julio movilizaba a los trabajadores y campesinos en el primer año de la revolución para realizar una reforma agraria profunda y otras medidas a favor de sus intereses de clase, los gobernantes norteamericanos respondían organizando fuerzas contrarrevolucionarias para intentar derrocar al nuevo gobierno. Sin embargo, lejos de dejarse intimidar por la escalada de ataques organizados por los yanquis, el pueblo trabajador cubano y su dirección ahondaron el rumbo proletario de la revolución. El 16 de abril de 1961, en un mitin masivo organizado para rendir tributo a las víctimas de un ataque aéreo instigado por los imperialistas, Fidel Castro proclamó el carácter socialista de la revolución cubana. Y en el curso de los tres días siguientes el pueblo cubano alzado en armas junto a sus Fuerzas Armadas Revolucionarias entró en acción para aplastar la invasión mercenaria organizada por la CIA en Playa Girón.

La movilización de millones de hombres y mujeres del pueblo trabajador cubano para realizar la hazaña histórica de inaugurar la revolución socialista en América confirmó *en la práctica* que la revolución es posible, restableciendo la continuidad comunista con Lenin y con los fundadores del movimiento obrero moderno. Por su audacia, a Fidel, a

Che y a sus compañeros —como a Lenin y Marx antes que ellos— los denunciaba de jacobinos aventureros la mayoría de los que hablaban como dirigentes del movimiento obrero internacional.

Los trabajadores y campesinos cubanos confirmaron con su vida que la teoría comunista es la generalización de la marcha de una clase. La práctica comunista consiste en seguir esa trayectoria de forma valiente e intransigente. Y, hoy día, gracias a Cuba, el camino revolucionario está más claramente demarcado. Ha disminuido el peligro de confundir el comunismo con variantes de la socialdemocracia o del estalinismo. Por consiguiente, hay menos obstáculos subjetivos de los que ha habido en 70 años para lograr la victoria.

Como dijera Che en una conversación con partidarios norteamericanos de la revolución cubana: "El revolucionario hace la revolución. Pero la revolución hace al revolucionario". Expresándolo con las palabras del joven Marx, "el propio educador necesita ser educado".[17]

• El proceso de rectificación que avanzó con creciente ímpetu en Cuba entre 1986 y finales de 1989 no era simplemente un ajuste de prioridades, o un intento de enfrentar problemas debido al aumento de la corrupción. Fue una "revolución dentro de la revolución", como lo describió Fidel en noviembre de 1987,[18] como un barco que rectifica su ruta mientras sigue navegando viento en popa. Este proceso —que Fidel Castro y otros líderes de la revolución promovieron como el regreso al tipo de política del que Che

---

17. Carlos Marx, "Tesis sobre Feuerbach", en C. Marx, F. Engels, *Obras escogidas,* tomo 1, pág. 8.

18. Fidel Castro, discurso de clausura en la reunión del Partido Comunista de Cuba de la provincia Ciudad de La Habana, *Resumen Semanal Granma* del 13 de diciembre de 1987.

fue pionero y defensor— representó otro ejemplo histórico sentado por la revolución cubana.

Rectificación: un movimiento social

La rectificación marcó el comienzo de un alejamiento de la orientación política en torno a cuestiones de política económica que había predominado en Cuba desde comienzos de los años 70, un período durante el cual el rico legado de actividad práctica y contribuciones teóricas de Che sobre la construcción del socialismo fueron desechadas y "se fueron imponiendo ideas que eran diametralmente opuestas al pensamiento económico del Che",[19] como dijo Fidel hace 10 años en un discurso conmemorando el vigésimo aniversario de la muerte de Guevara. Durante ese período se había adoptado el sistema de administración y planificación económica empleado con una u otra variante en toda la Unión Soviética y Europa oriental, y en Cuba encontró caldo de cultivo suficiente para florecer.

La rectificación fue un avance que resultó posible no solo por la fuerza siempre presente de la dirección comunista en Cuba sino, y más importante aún, por las victorias revolucionarias de 1979 en Nicaragua y Granada, las cuales dieron fin al aislamiento del gobierno obrero y campesino cubano en el continente americano. Fue un avance que se vio impulsado por la misión internacionalista en Angola, y por la victoria de Cuito Cuanavale en 1988 y todo lo que esa batalla ejemplificó para la lucha antiimperialista en Africa del sub-Sahara.

En su cúspide, la rectificación asumió el carácter de un

---

19. Discurso de Fidel Castro en el vigésimo aniversario de la muerte de Ernesto Che Guevara, 8 de octubre de 1987. En *Che Guevara: Economía y política en la transición al socialismo* por Carlos Tablada (Pathfinder, 1997), pág. 16.

creciente movimiento social dirigido por los trabajadores más conscientes y disciplinados. Justo cuando los partidos y regímenes burocráticos de Europa oriental y de la URSS comenzaban a derrumbarse ante las irresolubles crisis económicas, sociales y políticas que se habían fomentado a lo largo de las décadas, la revolución cubana cobraba fuerza siguiendo un rumbo político proletario. Esta renovación, explicó Fidel en su homenaje a Che en octubre de 1987, le habría dado a Che mucha felicidad y confianza, de la misma forma en que Guevara se habría "horrorizado" por lo que le precedió. Porque, según indicó Fidel, Che "sabía que por esos caminos tan trillados del capitalismo no se podía marchar hacia el comunismo, que por esos caminos un día habría que olvidar toda idea de solidaridad humana e incluso de internacionalismo".[20]

• Si la rectificación no hubiese sido dirigida —cobrando ímpetu entre la vanguardia obrera de masas *antes* de que el período especial se convirtiera en realidad— la revolución cubana no habría podido enfrentar exitosamente y sobrevivir sus años más difíciles. Al comienzo de esta década, la abrupta reducción de ayuda y comercio bajo condiciones favorables con los regímenes del bloque soviético en desintegración precipitó la crisis económica más severa desde 1959, una crisis acrecentada por el carácter incesante de la agresión económica instigada y organizada por Washington en respuesta a la revolución.[21]

---

20. Fidel Castro, discurso en el vigésimo aniversario de la muerte de Guevara, en *Che Guevara: Economía y política*, pág. 14.

21. Los sucesos descritos en esta sección de la presentación de Waters —el proceso de rectificación de fines de los años 80, y el período especial que ha caracterizado los 90— se describen con bastante detalle en varios números de la revista marxista en inglés *New International*. Ver el artículo "Cuba's Rectification Process: Two Speeches by Fidel Castro", (El proceso de rectificación cubano: dos discursos de Fidel

Los enemigos de la clase trabajadora por todo el mundo predijeron jubilosos que el gobierno revolucionario cubano estaba condenado a un destino similar al de los regímenes de Europa oriental y de la URSS. Pero fueron incapaces de comprender —como ha ocurrido muchas otras veces— que la perspectiva internacionalista y proletaria con la que se asocia el nombre de Che en Cuba y en el resto del mundo no era solo suya, sino que en realidad era la trayectoria de la dirección comunista de Cuba, profundamente arraigada entre la gran mayoría del pueblo trabajador cubano. No se trataba de una variante del camino seguido en la Unión Soviética y Europa oriental, sino su antípoda. En la última década del siglo XX, el pueblo cubano ha dado nuevamente un ejemplo de dimensiones históricas.

Ningún otro gobierno en el mundo podría haber sobrevivido la prueba de respaldo popular que la dirección revolucionaria cubana ha confrontado en los años 90, un apoyo conquistado en el transcurso de muchas batallas anteriores. Sin contar con una historia impecable de internacionalismo, sin el amplio impacto político de centenares de miles de cubanos que se ofrecieron como voluntarios y cumplieron misiones en el exterior para ayudar y defender a Granada, Nicaragua, Etiopía y Angola, sin la nueva generación de jóvenes cubanos que aprendieron en carne propia que "quien no sea capaz de luchar por otros, no será nunca suficientemente capaz de luchar por sí mismo",[22] el futuro

---

Castro", en el no. 6 (1987). En español ver el artículo "La política de la economía: Che Guevara y la continuidad marxista" por Steve Clark y Jack Barnes en *Nueva Internacional* no. 2; también ver "La defensa de Cuba, la defensa de la revolución socialista cubana" por Mary-Alice Waters en *Nueva Internacional* no. 4 (1995).

22. Fidel Castro, discurso del 5 de diciembre de 1988, en el Día de las Fuerzas Armadas Revolucionarias. En inglés en *In Defense of Socialism: Four Speeches on the 30th Anniversary of the Cuban Revolution* (En

de la revolución cubana habría sido distinto.

Si la clase obrera cubana no hubiese comenzado ya a retomar el terreno cedido a los tecnócratas de la planificación económica y a los "comunista[s] jugando al capitalismo",[23] como los llamó Fidel, la revolución cubana habría enfrentado un peligro mortal cuando se inició la crisis del período especial en 1990–91.

Sin las decenas de miles de apartamentos, círculos infantiles y consultorios médicos construidos con el trabajo voluntario de las microbrigadas, sin los contingentes que habían tomado los primeros pasos para transformar la organización del trabajo en la industria básica, quizás nunca hubiesen nacido los parlamentos obreros y las asambleas por la eficiencia que ayudaron a fortalecer la resistencia obrera. La capacidad de organizar un repliegue disciplinado —limitándolo para no retroceder ni un paso más de lo necesario para asegurar la supervivencia del poder proletario, del gobierno revolucionario— posiblemente no habría estado presente.

Sin la dignidad proletaria recuperada tras haber trazado con antelación un rumbo para comenzar a deshacerse de los peores abusos de poder y privilegio —como lo ejemplificaron los casos de Ochoa, de la Guardia y Abrantes en 1989[24]— es posible que la confianza y la

---

defensa del socialismo: Cuatro discursos en el trigésimo aniversario de la revolución cubana; Nueva York: Pathfinder, 1989), pág. 28.

23. Fidel Castro, discurso del 2 de diciembre de 1986, en *Resumen Semanal Granma*, 14 de diciembre de 1986.

24. En julio de 1989 Arnaldo Ochoa, Antonio de la Guardia y otros dos altos oficiales de las Fuerzas Armadas Revolucionarias y del ministerio del interior fueron condenados a muerte por narcotráfico, abuso de poder y actos hostiles contra un estado extranjero (el gobierno de Angola). Al mes siguiente, José Abrantes Fernández, ministro del interior de Cuba y, al igual de Ochoa, miembro del Comité Central

audacia proletarias para decir una vez más "Sí se puede" no habrían existido.

• El período especial que vive Cuba hoy día, independientemente de los factores que lo precipitaron, no es una condición única a Cuba. Es un componente específico de una realidad que el mercado capitalista internacional y la creciente depresión mundial le han impuesto al pueblo trabajador de todo el mundo.

'Período especial' del capitalismo
Es también un período especial lo que nos tiene reservado a todos el capitalismo. No hay que ir más allá de México, Bosnia o Malasia si es que se precisan pruebas. Son los primeros de muchos más que vendrán con los albores del nuevo siglo. Bajo estas condiciones, el ejemplo cubano y el peso político que ejerce en la lucha de clases mundial aumentan una vez más. Cuba está demostrando cómo luchar por la dignidad, la soberanía y la independencia, y por qué solo una perspectiva socialista hace posible que el pueblo trabajador pueda enfrentar al gran capital: en cualquier parte del mundo. No hay otro camino, como lo describe *El manifiesto comunista,* porque "espoleada por la necesidad de dar cada vez mayor salida a sus productos, la burguesía recorre el mundo entero. Necesita andar en todas partes, establecerse en todas partes, crear vínculos en todas partes… Obliga a todas las naciones, si no quie-

---

del Partido Comunista, fue condenado a 20 años de prisión por abuso de autoridad, negligencia en el cumplimiento de sus obligaciones, uso indebido de fondos y recursos del gobierno. Para una explicación de la posición de la dirección del Partido Comunista de Cuba sobre estos acontecimientos y su significado político como parte del proceso de rectificación en Cuba, ver "El legado proletario del Che y el proceso de rectificación en Cuba" por Mary-Alice Waters, en *Nueva Internacional* no. 2 (1991).

ren sucumbir, a adoptar el modo burgués de producción, las constriñe a introducir la llamada civilización, es decir, hacerse burguesas. En una palabra: se forja un mundo a su imagen y semejanza".[25]

Cuba está demostrando cómo luchar y por qué solo una perspectiva socialista permite que el pueblo trabajador enfrente al gran capital.

Pero ese es el mundo al que el pueblo trabajador cubano ha dicho no, nunca retornaremos a él. Trazaremos un rumbo diferente, un rumbo para el avance de la humanidad, un rumbo socialista.

• El creciente desorden mundial del imperialismo, y los "períodos especiales" que nos depara, no son para llorar y lamentarse como liberales aturdidos o izquierdistas inveterados. Eso no sería digno de Che, cuyo verdadero legado muchos individuos de esa calaña pretenden redefinir y usar de camuflaje, ni sería digno del ejemplo de la revolución cubana, cuyas lecciones y ejemplo estos individuos frecuentemente recuerdan mal o tergiversan. En las palabras de La Segunda Declaración de La Habana, "no es de revolucionarios sentarse a la puerta de su casa para ver pasar el cadáver del imperialismo. El papel de Job no cuadra con el de un revolucionario".[26]

La clase obrera mundial aún tiene que enfrentar lo que el pueblo cubano confrontó en "los días luminosos y tris-

---

25. Marx y Engels, *El manifiesto comunista* (Nueva York: Pathfinder, 1992), págs. 26–27.

26. *La segunda declaración de La Habana*, pág. 34.

tes de la crisis del Caribe" de octubre de 1962: los mismos "peligros" y "principios", la misma posibilidad de que un día la bestia imperialista herida, en un intento desesperado de salvarse, desate sus armas nucleares de destrucción, sin importarle las consecuencias. En aquellos "días magníficos", como los llamó Che [27] —recordando la valentía, claridad y calma de la dirección y de los trabajadores cubanos— fue una cosa ante todo lo que frenó la mano de Washington. Y no fue ni Moscú ni los misiles. Fue la incapacidad del imperialismo de encontrar fisuras o divisiones dentro de la estructura de mando de las Fuerzas Armadas Revolucionarias de Cuba y el cálculo sobrio que los jefes del estado mayor de las fuerzas armadas norteamericanas —pasmados por la movilización de 270 mil cubanos armados en cuestión de días— le plantearon a la administración Kennedy, cálculo según el cual las fuerzas norteamericanas sufrirían unas 18 mil bajas en *los primeros 10 días* de un intento de invasión a Cuba. Esto representa un número mayor de bajas que el que las fuerzas armadas norteamericanas habrían de sufrir en los primeros cinco años de la intervención de Kennedy y Johnson en Vietnam: desde 1961, cuando se reportó la primera baja norteamericana, hasta mediados de 1966.

Eso, y solo eso, fue lo que hizo titubear a Washington: en ese momento y hasta el día de hoy.

Los intereses de la clase obrera mundial —y sobre todo los intereses combinados del pueblo trabajador cubano y norteamericano— se vieron igualmente favorecidos por la incomparable determinación revolucionaria del pueblo cubano de resistir, costara lo que costara, como lo planteó Che en su Mensaje a la Tricontinental, "obligando a una decisión a los imperialistas norteamericanos".

---

27. Che Guevara, Carta a Fidel Castro, en *Escritos y discursos,* tomo 9, pág. 394.

A medida que nos acercamos al siglo XXI, los gobernantes capitalistas del mundo se ven con opciones cada vez más limitadas. La estabilidad de su orden social depende más y más de las burbujas de deuda que les imponen a otros, y de los valores bursátiles inflados e inestables, tanto dentro como fuera de los centros imperialistas.

La consiguiente volatilidad aumenta la inseguridad de la vida de cientos de millones de personas, acentúa la desigualdad social y acelera la polarización política. Una vez más somos testigos de cómo la lógica de su sistema de dominio —la realidad imperialista— los empuja hacia el fascismo y la guerra.

Sin embargo, para llegar a ese término, los explotadores primero tendrán que enfrentarnos y tratar de derrotarnos. Y, como le han demostrado al mundo los trabajadores y campesinos cubanos por casi 40 años, el desenlace se decidirá en la lucha. Junto a Fidel, con el espíritu de Che y de la revolución cubana, decimos, "¡Socialismo o muerte!" Es ésta la conducta con la que se puede vencer, y sigue siendo el único camino posible hacia la victoria.

¿Es posible una revolución socialista en Estados Unidos?
Un debate necesario
MARY-ALICE WATERS
En dos charlas, presentadas en el marco de un amplio debate en la Feria Internacional del Libro de Venezuela en 2007 y 2008, Waters explica por qué una revolución socialista es posible en Estados Unidos. Explica por qué las luchas revolucionarias del pueblo trabajador son inevitables: nos las impondrán los ataques de la clase patronal —impulsados por las crisis—. Al ir creciendo la solidaridad entre una vanguardia combativa del pueblo trabajador, se divisan ya los contornos de batallas de clases por venir. US$7. También en inglés y francés.

Cuba y la revolución norteamericana que viene
JACK BARNES
La Revolución Cubana tuvo un impacto a nivel mundial, incluso entre el pueblo trabajador y la juventud en el corazón imperialista. Conforme en Estados Unidos avanzaba la masiva lucha de base proletaria por los derechos de los negros, la transformación social por la cual combatieron y que ganaron las masas trabajadoras cubanas sentó un ejemplo: de que la revolución socialista no solo es necesaria, se puede hacer y defender. Esta segunda edición, con un nuevo prólogo de Mary-Alice Waters, debe leerse junto con *¿Es posible una revolución socialista en Estados Unidos?* US$10. También en inglés y francés.

www.pathfinderpress.com

"Lo que Cuba puede ofrecer al mundo es su ejemplo"
—SEGUNDA DECLARACIÓN DE LA HABANA

La Primera y Segunda Declaración de La Habana

En ninguna parte se abordan con mayor franqueza y claridad los problemas de estrategia revolucionaria que hoy día afrontan hombres y mujeres en las primeras filas de luchas en América que en estos dos documentos, aprobados cada uno con la fuerza de asambleas de un millón de cubanos en 1960 y 1962. Estas intransigentes condenas del pillaje imperialista y de "la explotación del hombre por el hombre" se mantienen como manifiestos de lucha revolucionaria del pueblo trabajador en todo el mundo. US$10

Nuestra historia aún se está escribiendo

La historia de tres generales cubano-chinos en la Revolución Cubana

Armando Choy, Gustavo Chui y Moisés Sío Wong hablan sobre el papel histórico de la inmigración china a Cuba, así como de más de cinco décadas de acción e internacionalismo revolucionarios, desde Cuba hasta Angola, y hoy Venezuela. A través de sus historias percibimos las fuerzas sociales y políticas que dieron origen a la nación cubana y abrieron la puerta a la revolución socialista en América. US$20

Dynamics of the Cuban Revolution

(Dinámica de la Revolución Cubana: una interpretación marxista)
JOSEPH HANSEN

¿Cómo se desarrolló la Revolución Cubana? ¿Por qué representa, según plantea Hansen, un "desafío intolerable" para el imperialismo norteamericano? ¿Qué obstáculos políticos ha tenido que superar? Escrito conforme avanzaba la revolución desde sus primeros días. En inglés. US$25

www.pathfinderpress.com

Che Guevara habla a la juventud
ERNESTO CHE GUEVARA

En ocho charlas dadas entre 1959 y 1964, este revolucionario nacido en Argentina desafía a los jóvenes de Cuba y del mundo a estudiar, trabajar y volverse disciplinados. A ponerse en las filas delanteras de las luchas, sean grandes o pequeñas. A politizar las organizaciones en que militan y politizarse a sí mismos. A llegar a ser un tipo de ser humano diferente, a medida que luchan junto al pueblo trabajador de todas las tierras para transformar el mundo. US$15

Playa Girón / Bahía de Cochinos
Primera derrota militar de Washington en América
FIDEL CASTRO, JOSÉ RAMÓN FERNÁNDEZ

En menos de 72 horas de combate en abril de 1961, las fuerzas armadas revolucionarias de Cuba derrotaron una invasión de 1 500 mercenarios organizada por Washington. Al hacerlo, el pueblo cubano sentó un ejemplo para los trabajadores, agricultores y jóvenes en todo el mundo: que dotados de conciencia política, solidaridad de clase, valentía y una dirección revolucionaria, es posible hacer frente a un poderío enorme y a probabilidades aparentemente irreversibles y vencer. US$20

De la sierra del Escambray al Congo
En la vorágine de la Revolución Cubana
VÍCTOR DREKE

El autor describe cuán fácil resultó, tras la victoria de la Revolución Cubana, "quitar la soga" que segregaba a negros de blancos en la plaza del pueblo y, sin embargo, lo enorme que resultó la batalla para transformar las relaciones sociales que subyacían bajo todas las "sogas" heredadas del capitalismo y de la dominación yanqui. Dreke, segundo al mando

de la columna internacionalista en el Congo dirigida por Che Guevara en 1965, habla del gozo creador con que el pueblo trabajador cubano ha defendido su trayectoria revolucionaria: desde la sierra del Escambray en Cuba, hasta África y más allá. US$17

Nueva Internacional
UNA REVISTA DE POLITICA Y TEORIA MARXISTAS

NUEVA INTERNACIONAL Nº. 8
REVOLUCIÓN, INTERNACIONALISMO Y SOCIALISMO: EL ÚLTIMO AÑO DE MALCOLM X

Jack Barnes

"Comprender el último año de Malcolm es ver cómo, en la época imperialista, una dirección revolucionaria de la más alta capacidad política, valentía e integridad converge con el comunismo. Esa verdad tiene un peso aún mayor en la actualidad, en tanto la violenta expansión del capitalismo mundial arroja a miles de millones de personas por todo el mundo, en las ciudades y el campo, desde China hasta Brasil, a la lucha de clases moderna".—Jack Barnes

El número 8 incluye "El legado antiobrero de los Clinton: Raíces de la crisis financiera mundial de 2008"; "La custodia de la naturaleza también recae en la clase trabajadora: En defensa de la tierra y del trabajo" y "Para dejar claro el historial sobre el fascismo y la Segunda Guerra Mundial". US$14

NUEVA INTERNACIONAL Nº. 6
HA COMENZADO EL INVIERNO LARGO Y CALIENTE DEL CAPITALISMO

Jack Barnes
Y "SU TRANSFORMACIÓN Y LA NUESTRA", RESOLUCIÓN DEL PARTIDO SOCIALISTA DE LOS TRABAJADORES

Los conflictos interimperialistas actuales —cada vez más agudos— los alimentan no solo las primeras etapas de lo que serán décadas de convulsiones económicas, financieras y sociales, y batallas de clases, sino también el cambio más amplio en la política y organización militar realizado por Washington desde que se fortaleció rumbo a la Segunda Guerra Mundial. Los trabajadores de disposición de lucha de clases debemos encarar esta histórica coyuntura del imperialismo, y derivar satisfacción y gozo de ponernos "en su cara" conforme trazamos un curso revolucionario para afrontarla. US$16

Obtenga de WWW.PATHFINDERPRESS.COM

NUEVA INTERNACIONAL Nº. 7
NUESTRA POLÍTICA EMPIEZA CON EL MUNDO
Jack Barnes

Las enormes desigualdades existentes entre los países imperialistas y los semicoloniales, y entre las clases dentro de casi todos los países, son producidas, reproducidas y acentuadas por el funcionamiento del capitalismo. Para que los trabajadores de vanguardia forjemos partidos capaces de dirigir una exitosa lucha revolucionaria por el poder en nuestros propios países, dice Jack Barnes, nuestra actividad debe guiarse por una estrategia para cerrar esta brecha.

Incluye "La agricultura, la ciencia y las clases trabajadoras" *por Steve Clark* y "Capitalismo, trabajo y naturaleza: un intercambio" *por Richard Levins, Steve Clark.* US$14

NUEVA INTERNACIONAL Nº. 5
EL IMPERIALISMO NORTEAMERICANO HA PERDIDO LA GUERRA FRÍA
Jack Barnes

Al contrario de las esperanzas imperialistas al comenzar los años 90, en la secuela del colapso de regímenes en toda Europa oriental y la Unión Soviética que se reclamaban comunistas, los trabajadores y agricultores no han sido aplastados. Tampoco se han estabilizado las relaciones sociales capitalistas. El pueblo trabajador sigue siendo un obstáculo tenaz al avance del imperialismo, obstáculo que los explotadores tendrán que enfrentar en batallas de clases y en guerras. US$15

NUEVA INTERNACIONAL Nº. 2
CHE GUEVARA, CUBA Y EL CAMINO AL SOCIALISMO
Artículos por Ernesto Che Guevara, Carlos Rafael Rodríguez, Carlos Tablada, Mary-Alice Waters, Steve Clark, Jack Barnes

Intercambios de los primeros años de la Revolución Cubana y actuales sobre las perspectivas políticas que Che Guevara reivindicó al ayudar a dirigir al pueblo trabajador a impulsar la transformación de las relaciones económicas y sociales en Cuba. US$14

NUEVA INTERNACIONAL Nº. 1
LOS CAÑONAZOS INICIALES DE LA TERCERA GUERRA MUNDIAL: EL ATAQUE DE WASHINGTON CONTRA IRAQ
Jack Barnes

El ataque asesino de 1990–91 por el gobierno norteamericano contra Iraq anunció conflictos cada vez más agudos entre las potencias imperialistas, el ascenso de fuerzas derechistas y fascistas, la creciente inestabilidad del capitalismo internacional y más guerras. Incluye: "1945: Cuando las tropas norteamericanas dijeron 'No'" *por Mary-Alice Waters* y "Lecciones de la guerra Irán-Iraq" *por Samad Sharif.* US$16

OBTENGA TAMBIEN DE PATHFINDER

El desorden mundial del capitalismo
Política obrera al milenio
JACK BARNES

La devastación social y pánicos financieros, la creciente aspereza de la política, la brutalidad policiaca y los actos de agresión imperialista que se aceleran a nuestro alrededor no son producto de algo que ha funcionado mal, sino de las fuerzas reglamentadas del capitalismo. Sin embargo, el futuro se puede cambiar con la solidaridad oportuna, la acción desinteresada de trabajadores y agricultores que estén conscientes de su capacidad de transformar el mundo. US$24. También en inglés y francés.

El rostro cambiante de la política en Estados Unidos
La política obrera y los sindicatos
JACK BARNES

De la construcción del tipo de partido que la clase trabajadora necesita para las batallas de clases que vienen: batallas de clases a través de las cuales se revolucionarán a sí misma, a sus sindicatos y a toda la sociedad. Es una guía para los trabajadores, agricultores y jóvenes a quienes repugnan las iniquidades sociales, la inestabilidad económica, el racismo, la opresión de la mujer, la violencia policiaca y las guerras endémicas al capitalismo, y que están resueltos a derrocar ese sistema de explotación y unirse para reconstruir el mundo sobre bases nuevas y socialistas. US$24. También en inglés, francés y sueco.

El manifiesto comunista
CARLOS MARX, FEDERICO ENGELS

El documento de fundación del movimiento obrero moderno, publicado en 1848. Explica por qué el comunismo no es un conjunto de principios preconcebidos sino la línea de marcha de la clase trabajadora hacia el poder, que emana de "las condiciones reales de una lucha de clases existente, de un movimiento histórico que se está desarrollando ante nuestros ojos". US$5. También en inglés, francés y árabe.

WWW.PATHFINDERPRESS.COM

La última lucha de Lenin
Discursos y escritos, 1922–23
V.I. LENIN

A comienzos de la década de 1920, Lenin libró una batalla en la dirección de la Unión Soviética para mantener la perspectiva que había permitido a los trabajadores y campesinos derrocar el imperio zarista, emprender la primera revolución socialista y lanzar un movimiento comunista mundial. Los problemas planteados en esta lucha —desde la composición de clase del partido hasta la alianza de trabajadores y campesinos, y la batalla contra la opresión nacional— siguen siendo fundamentales a la política mundial. US$22. También en inglés.

El capitalismo y la transformación de África
Reportajes desde Guinea Ecuatorial
MARY-ALICE WATERS, MARTÍN KOPPEL

Un recuento de la transformación de la producción y de las relaciones de clases en este país de África Central, al ser incorporado de forma cada vez más profunda al mercado mundial y al nacer tanto una clase capitalista como un proletariado moderno. El ejemplo de la revolución socialista cubana también cobra vida aquí en la colaboración de brigadas de voluntarios médicos cubanos que ayudan a transformar las condiciones sociales. Entretejidos, se alcanzan a ver los perfiles de un futuro por el cual luchar hoy… un futuro en el que los trabajadores y agricultores de África ejercerán un mayor peso que nunca antes en la política mundial. US$10. También en inglés.

Rebelión Teamster
FARRELL DOBBS

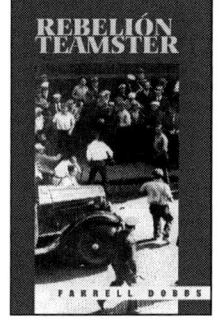

Las huelgas de 1934 que forjaron el movimiento sindical industrial en Minneapolis y ayudaron a allanar el camino para el Congreso de Organizaciones Industriales (CIO), según las narra uno de los dirigentes centrales de esas batallas. Primero de cuatro tomos sobre el liderazgo de lucha de clases en las huelgas y campañas de sindicalización que en gran parte del Medio Oeste transformaron al sindicato de camioneros Teamsters en un movimiento social combativo y que apuntaron en dirección de la acción política independiente por parte del movimiento obrero. US$19. También en inglés y sueco.

La clase trabajadora y la transformación de la educación
El fraude de la reforma educativa bajo el capitalismo
JACK BARNES

"Hasta que la sociedad se reorganice para que la educación sea una actividad humana desde que aún somos muy jóvenes hasta el instante en que morimos, no habrá una educación digna de la humanidad creadora". US$3. También en inglés, francés, sueco e islandés.

Habla Malcolm X
Discursos del último año de la vida de Malcolm X, a través del cual el lector puede seguir la evolución de sus perspectivas sobre el racismo, el capitalismo, el socialismo, la acción política, la intervención imperialista en el Congo y Vietnam, por qué dejó de utilizar la descripción "nacionalismo negro" y más. US$19. También en inglés.

La revolución traicionada
¿Qué es y adónde va la Unión Soviética?
LEÓN TROTSKY

En 1917 la clase trabajadora y el campesinado en Rusia llevaron a cabo una de las revoluciones más profundas de la historia. Sin embargo, al cabo de diez años, una casta social privilegiada —cuyo principal vocero era José Stalin— estaba consolidando una contrarrevolución política. Este estudio clásico del estado obrero soviético y de su degeneración ilumina el origen de la crisis que hoy sacude a los países de la antigua Unión Soviética. US$20. También en inglés.